Erfolgreich durch die Gehaltsverhandlung

Verdienen Sie endlich, was Sie wert sind

von Tobias C. Meier

Gehaltsverhandlungsakademie

Copyright © 2014-2015 Tobias C. Meier, Gehaltsverhandlungsakademie

Der Inhalt dieses Buches und die Tipps und Vorbereitungen sind von uns sorgfältig ausgewählt und geprüft worden. Dennoch können wir keine Garantie für eine erfolgreiche Gehaltsverhandlung oder für die Richtigkeit der Ansätze in der jeweiligen Situation geben. Die Gehaltsverhandlungsakademie, MarketMatch und unsere Teams übernehmen daher keine Haftung für Personen-, Sach- oder Vermögensschäden.

Inhaltsverzeichnis

Einführung 4
Warum ist das Thema so relevant? 9
Wie man es nicht macht 11
Die richtigen Argumente für eine Gehaltserhöhung 13
Die richtige Einstellung 20
Den Zeitpunkt bewusst wählen 21
Einen Termin vereinbaren 22
Warum eine gute Vorbereitung so wichtig ist 23
Das Erfolgschart 24
Beispiel für ein Erfolgschart 25
Ein Erfolgschart erstellen 26
Der eigene Marktwert 33
Beispiel für einen Gehaltsreport 35
Einen Gehaltsreport erstellen 36
Das Gespräch – die eigenen Erfolge darlegen 42
Das Gespräch – den eigenen Marktwert darlegen 44
Mehr als nur Gehalt 47
Das Angebot annehmen 49
Exkurs: Bei einem Jobwechsel mehr Gehalt verhandeln . 50
Über uns 55
Impressum und Rechtliche Hinweise 59

Einführung

Jedes Jahr wieder hoffen hunderttausende Deutsche auf eine Gehaltserhöhung. Meist finden die Gespräche über die Leistungen zum Jahresbeginn statt und es werden die Zielerreichungen des letzten Jahres besprochen. Doch ob man seine Ziele erreicht hat, oder nicht, der Arbeitgeber kommt nur sehr selten auf die Idee, das Gehalt der Mitarbeiter signifikant zu erhöhen.

Außerhalb der tariflich organisierten Berufe ist die Aufgabe jedes einzelnen, sein Gehalt bestmöglich zu verhandeln. Natürlich gibt es dabei Grenzen. In den allermeisten Fällen jedoch bleibt viel Potential ungenutzt. Dabei lässt sich bereits mit drei einfachen Schritt oft erstaunlich viel erreichen.

Schritt 1: Einen Termin mit dem Vorgesetzten vereinbaren

Jede Gehaltserhöhung beginnt mit dem Austausch der Positionen zwischen Mitarbeiter und Arbeitgeber. Nur wenn Sie Ihre Erwartungshaltung auch deutlich machen, haben Sie eine realistische Chance eine Gehaltserhöhung zu bekommen. Das beginnt mit einem Gespräch.

Oft macht es Sinn, statt eines separat vereinbarten Termins direkt das Leistungs-, Feedback- oder Review-Gespräch zu nutzen, das in vielen Unternehmen in regelmäßigen Abständen, meist jährlich, stattfindet. Hier soll es ohnehin um Ihre Leistung und die vereinbarten Ziele gehen, und daher bietet es eine optimale Gelegenheit, um Ihre Leistungen Ihrem Gehalt gegenüberzustellen, und so Diskrepanzen aufzuzeigen.

Schritt 2: Den eigenen Beitrag zum Unternehmenserfolg zeigen

Dies ist der wichtigste Schritt, und gleichzeitig der Schritt, der am häufigsten vernachlässigt wird. Nur wenn Sie Ihren Beitrag zum Unternehmenserfolg kennen und auch messen können, können Sie Ihre Gehaltsforderung glaubhaft begründen.

Eine Gehaltsverbesserung passiert nicht aus gutem Willen der Firma oder Ihres Vorgesetzten und auch nicht, weil Sie schon viele Jahre dort arbeiten oder Ihre Miete gestiegen ist. Eine Gehaltserhöhung ist nur gerechtfertigt, wenn Sie aus Unternehmenssicht auch einen erhöhten Beitrag zum Ergebnis liefern.

Haben Sie einen neuen Kunden werben können, und so für mehr Umsatz gesorgt? Oder die Fehlerquote in der Fertigung senken können, und so Kosten einsparen können? Diese Dinge sind es, die Sie zu einem wertvollen Mitarbeiter machen.

Bereiten Sie Ihre Erfolge und Leistungen im Vorfeld auf und machen Sie sie so gut es geht messbar. Idealerweise können Sie sie in konkrete Wertangaben umrechnen. Wie viel Umsatz macht der neue Kunde pro Jahr? Wie viele tausend Euro Kostenersparnis bringt der neue Prozess, den Sie mitentwickelt haben?

Diese Werte sind ein konkreter Nutzen, den das Unternehmen von Ihnen hat. Und diese monetären Werte rechtfertigen es schließlich, dass Sie einen Teil dieses Mehrwertes in Form eines höheren Gehalts beziehen.

Schritt 3: Den eigenen Marktwert kennen

Neben Ihren Leistungen und Erfolgen sollten Sie sich vor dem Gespräch mit Ihrem aktuellen Marktwert befassen. Wie viel wird momentan extern für einen Mitarbeiter mit Ihrer Ausbildung, Ihrer Erfahrung und Ihren Qualifikationen bezahlt? Wenn Sie sich bei einer anderen Firma in der gleichen Branche neu bewerben würden, mit wie viel Gehalt könnten Sie dort rechnen?

Dieser Wert ist Ihr aktueller Marktwert. Auch wenn Sie nicht vor haben die Firma zu wechseln, sollten Sie diesen Wert, bzw. die Bandbreite in der sich externe Angebote bewegen kennen.

Mit diesem Wert können Sie nun einschätzen, ob Sie derzeit fair und angemessen bezahlt werden. Sie sollten auf keinen Fall damit drohen, die Firma zu verlassen, sofern Sie das nicht auch wirklich vor haben. Aber Sie können durchaus anführen, dass momentan in anderen Unternehmen deutlich mehr gezahlt wird. Das bringt den Arbeitgeber unter Druck, und hilft Ihnen, für Ihr Anliegen einer Gehaltserhöhung zu argumentieren.

Bleiben Sie in Ihren Gesprächen immer sachlich und freundlich, und wirken Sie nicht fordernd. Nur über das konstruktive Gespräch erreichen Sie eine Bereitschaft Ihres Chefs, Sie zu unterstützen und sich für eine Gehaltserhöhung für Sie einzusetzen.

In diesem Buch gehen wir gemeinsam detailliert die

einzelnen Schritte durch, die Sie vor und während einer Gehaltsverhandlung durchlaufen.

Dabei gebe ich Ihnen viele Beispiele zur Hand, mit denen Sie sich in die jeweilige Situation hineinversetzen können. Einzelne Argumentationen können Sie im Wortlaut in Ihrer eigenen Gehaltsverhandlung verwenden.

Außerdem erfahren Sie, wie Ihr Vorgesetzter typischerweise auf Gehaltsforderungen reagieren wird, und mit welchen Antworten Sie seine Argumente entkräften und so eine mögliche Blockade auflösen können.

Ich wünsche Ihnen bei der Lektüre sowie Ihrer Gehaltsverhandlung viel Erfolg.

Tobias C. Meier
Gehaltsverhandlungsakademie

Sie suchen weitere Informationen
zur Gehaltsverhandlung?

Die Gehaltsverhandlungsakademie bietet Ihnen
umfassende Video-Kurse zur Vorbereitung.

Besuchen Sie uns in der Gehaltsverhandlungsakademie:
www.gehaltsverhandlungsakademie.de

Warum ist das Thema so relevant?

Gehaltsverhandlungen sind sehr wichtig. Denn das aktuelle Gehalt beeinflusst, wie viel Sie in den nächsten Jahren verdienen. Jede Erhöhung, die Sie erhalten, bezieht sich üblicherweise auf das Basisgehalt, das Sie bislang schon bekommen. Das heißt, wenn Sie mit einem höheren Gehalt einsteigen, oder heute Ihr Gehalt steigern können, haben Sie die Chance, im Laufe der nächsten Jahre mehr zu verdienen. Deswegen hat dieses Thema eine hohe Bedeutung.

Gleichzeitig ist es aber auch eine Materie, in der man selten ausgebildet wird. Denn das ist kein Stoff, der in der Schule, der Ausbildung oder dem Studium behandelt wird oder den die Eltern einem erklären. Auch der Arbeitgeber hat kein Interesse daran, die eigenen Mitarbeiter darin zu schulen. Die wenigsten Menschen wissen also viel darüber. Sie sitzen aber in Gehaltsverhandlungen Leuten gegenüber, die darin geschult sind und ständig damit zu tun haben. Deswegen ist es wichtig, sehr gut vorbereitet in diese Termine zu gehen.

Das Ziel der Gehaltsverhandlungsakademie ist es, dieses Ungleichgewicht auszugleichen. Wir schulen Angestellte darin, kompetent das eigene Gehalt verhandeln zu können.

Hier ein paar Fakten zu meiner Qualifizierung: Ich bin seit sieben Jahren als Führungskraft in der Industrie tätig und kenne beide Seiten. Ich habe selbst mit meinen Chefs über mein Gehalt verhandelt und muss mich damit in meinem Team auseinandersetzen.

Ich kann Ihnen also einerseits die Perspektive des Vorgesetzten erläutern und andererseits, wie Sie am besten darauf reagieren. Das wird Ihnen helfen, wenn Sie selbst in der Situation sind, über Ihr Gehalt verhandeln zu müssen.

Das Thema Gehalt ist in Deutschland leider nach wie vor in Unterhaltungen mit Familie und Freunde weitgehend ein Tabu. Man tauscht sich einfach nicht detailliert über Gehalt aus. Dadurch ermöglicht man den Arbeitgebern einen Vorteil in den Verhandlungen. Je eher Sie Ihr Gehalt mit Nachdruck und kompetent selbst verhandeln, desto größer wird über die Jahre hinweg der Nutzen sein, den Sie aus diesen wichtigen Kenntnissen ziehen können.

Wie man es nicht macht

Eine Gehaltsverhandlung muss gut vorbereitet werden. Denn es gibt gute und schlechte Argumente, die man vorbringen kann.

Wie man es nicht machen sollte, sehen Sie hier in einem kurzen Beispiel:

Mitarbeiterin: *Chef, ich bräuchte mehr Geld.*

Vorgesetzter: *Na, Sie wissen ja, wie die wirtschaftliche Lage momentan ist. Das ist derzeit einfach nicht machbar.*

Oder aber:

Mitarbeiterin: *Die Mietpreise sind gestiegen. Und da wollte ich mal fragen, wie es mit einer Gehaltserhöhung aussieht?*

Vorgesetzter: *Zeitgleich sind bei uns leider auch die Budgets gekürzt worden, deswegen habe ich zurzeit leider keinen Spielraum – so gerne ich das auch machen und Sie unterstützen würde. Momentan sind mir einfach die Hände gebunden.*

Und auch so ist es falsch:

Mitarbeiterin: *Ich bin zu Ihnen gekommen, weil ich gehört habe, dass Frau Müller 200 Euro mehr im Monat erhält. Und da habe ich mich natürlich gefragt, warum ich die nicht auch bekomme und wollte Sie danach fragen.*

Vorgesetzter: *Das wird bei uns individuell gehandhabt. Die Jobprofile sind unterschiedlich und natürlich auch die*

Erfahrung, die jemand mitbringt, und die Aufgaben und Sonderprojekte, die er oder sie übernimmt. Das ist nicht eins zu eins vergleichbar.

Sie müssen sich in die Position des Unternehmens hineinversetzen: Warum sollte Ihr Vorgesetzter Ihnen eine Gehaltserhöhung geben? Welchen Mehrwert bieten Sie dem Unternehmen? Dazu zählen zum Beispiel Kosteneinsparungen, Umsatzsteigerungen oder besondere Leistungen wie die Leitung eines Projekts oder die Übernahme zusätzlicher Aufgaben.

Die richtigen Argumente für eine Gehaltserhöhung

Es gibt gute und schlechte Begründungen für eine Gehaltserhöhung. Das ist ein Hauptpunkt, bei dem häufig viel falsch gemacht wird. Deswegen möchte ich Sie hier kurz in die Grundprinzipien einführen. Was sind gute, akzeptable Gründe, auf denen man eine Gehaltsverhandlung aufbauen kann?

Grundsätzlich gibt es drei Kriterien, die zu beachten sind.

1. Aus Sicht des Unternehmens argumentieren

Das Wichtigste ist, aus Sicht des Unternehmens zu argumentieren. Das heißt, ein Vorgesetzter – in Vertretung des Unternehmens – wird Ihnen nur dann eine Gehaltserhöhung geben oder Sie fördern, wenn durch Sie für das Unternehmen ein Mehrwert entsteht.

Es geht also nicht um Ihre Sicht, zum Beispiel, dass Sie mehr Geld möchten oder brauchen, sondern ausschließlich darum, dass Sie aus Sicht des Unternehmens einen Mehrwert leisten und deswegen dieses zusätzliche Investment, diese zusätzlichen Kosten wert sind.

2. Zu den Zielen des Unternehmens beitragen

Außerdem sollte Ihre Begründung mit den erklärten Zielen des Unternehmens übereinstimmen. Ein Unternehmen hat bestimmte Jahresziele. Das können Umsatz-, Kosten-, Marktanteils- oder Gewinnziele etc. sein. An diesen sollten Sie sich orientieren. Ihre Argumentation sollte also immer aus Sicht des

Unternehmens aufgebaut sein und deswegen auch in der Sprache und in den Zieldefinitionen des Unternehmens formuliert sein.

3. Den eigenen Beitrag messbar machen

Überdies sollt Ihr Beitrag messbar sein. Es ist natürlich nicht immer klar, welche Leistung man als Einzelperson erbracht hat, aber man arbeitet an Projekten, deren Erfolg man messen kann. Das heißt, es ist durchaus in Ordnung Erfolge anzuführen, die man im Team oder in einer Projektgruppe erreicht hat.

Hier ein paar Negativbeispiele, um diese Punkte noch besser zu erläutern:

Schlechte Beispiele und schlechte Ansätze für eine Gehaltserhöhung sind Argumente aus Ihrer eigenen Perspektive. Zum Beispiel, dass Ihre Lebenshaltungskosten gestiegen sind. Sie haben vielleicht eine neue Wohnung bezogen, die Miete oder die Lebenshaltungskosten sind gestiegen oder haben vielleicht Familienzuwachs bekommen. Sie haben bestimmte Anschaffungen gemacht oder möchten mal wieder in den Urlaub fahren usw. Das alles sind aber Gründe, die für das Unternehmen überhaupt keine Rolle spielen. Schließlich haben Sie einen Vertrag mit Ihrem Arbeitgeber, der eine bestimmte Leistung mit einem bestimmten Gehalt vergütet. Das ist letztendlich ein fairer Austausch. Was Sie damit machen, wie Sie Ihre Freizeit verbringen, wie Sie Ihr Geld ausgeben, ist nicht Sache des Unternehmens. Deshalb sind das keine guten Gründe, eine Gehaltserhöhung zu fordern.

Negativ ist auch ein Vergleich mit anderen Mitarbeitern. Das wird häufig als Neid ausgelegt. Zum Beispiel verdient ein Kollege/eine Kollegin, der/die einen ähnlichen oder vergleichbaren Job hat wie Sie, mehr als Sie. Das ist aber kein gutes Argument. Natürlich ist das ärgerlich, aber auch hier gilt wieder: Aus Sicht des Unternehmens ist das ein frei verhandelter Vertrag. Ihr Kollege und Sie erbringen eine bestimmte Leistung und Sie wissen nicht, weshalb er mehr bekommt. Hat der andere besser verhandelt? Ist er, als er in diesem Unternehmen angefangen hat, gleich mit einem höheren Gehalt gestartet, weil er vielleicht vorher mehr verdient hat und deshalb härter verhandelt hat? Bringt er vielleicht mehr Leistung? Macht er vielleicht noch weitere Projekte? Selbst wenn beide Profile weitgehend miteinander vergleichbar sind, handelt es sich aus Unternehmenssicht um einen frei verhandelten Vertrag. Insofern ist das kein gutes Argument, um nach einer Gehaltserhöhung zu fragen.

Das trifft auch auf die Beschäftigungsdauer zu, also wie lange Sie schon in der Firma tätig sind. Auch wenn Sie schon mehrere Jahre da sind und noch keine Gehaltserhöhung hatten, ist das kein Grund, jetzt danach zu fragen. Natürlich ist das für Sie selbst ein Argument, dass Sie jetzt schon so lange hier sind und sich weiterentwickeln wollen. Gegenüber dem Unternehmen ist es aber kein Punkt, der Ihnen in einer Gehaltsverhandlung einen Vorteil verschafft. Denn auch hier gilt: Eine Gehaltserhöhung, mehr Geld, mehr Leistung, mehr Bezahlung gibt es nur, wenn Sie auch mehr Leistung bringen, das Unternehmen also mehr von Ihnen hat. Dieser Grundsatz gilt immer und überall. Bei diesen Negativbeispielen betrachten Sie das Thema nur aus Ihrer eigenen Perspektive, aber nicht aus der Perspektive des Unternehmens.

Was sind gute Gründe für eine Gehaltserhöhung?

Zum einen sind das Dinge, die einen messbaren Beitrag zum Unternehmensergebnis liefern. Zum Beispiel die Übernahme zusätzlicher Aufgabe oder die Steigerung des eigenen Werts für die Firma.

Ein messbarer Beitrag zum Unternehmensergebnis kann etwa sein, mehr Umsatz erzielt, mehr Stück verkauft oder die Kosten gesenkt, etwas gegen den Wettbewerb unternommen oder neue Kunden gewonnen zu haben – alles Dinge, die letztendlich den Zielen und dem Ergebnis des Unternehmens dienen.

Ein positiver Faktor ist auch die Übernahme zusätzlicher Aufgaben. Dabei bringen Sie neben Ihrer eigentlichen Tätigkeit einen zusätzlichen Nutzen. Das heißt, dass dafür kein zusätzlicher Mitarbeiter eingestellt werden muss. Auch wenn es nur eine kleine Aufgabe ist, die aber eine andere Abteilung entlastet oder dem Vorgesetzten hilft, seine eigenen Ziele und die Unternehmensziele zu erreichen, sparen Sie so gesehen dem Unternehmen Kosten, weil Sie etwas übernehmen, was nicht im eigentlichen Arbeitsumfang, für den Sie bezahlt werden, enthalten ist. Auch hier ist die Logik: Sie sind für einen bestimmten Tätigkeitsbereich angestellt worden, der im Vertrag vereinbart worden ist, und dafür bekommen Sie Ihr Gehalt. Übernehmen Sie nun zusätzliche Aufgaben, ist das durch Ihr Gehalt nicht abgedeckt. Sie machen das zwar gerne, aber Sie liefern auch einen Mehrwert für das Unternehmen, für den Sie bislang nicht entlohnt werden.

Ein weiterer guter Grund ist die Steigerung des eigenen Werts für die Firma. Wenn Sie vor zwei Jahren bei dem Unternehmen angefangen haben und in der Zwischenzeit Fortbildungen gemacht, sich weiterentwickelt und vielleicht wertvolle Erfahrungen hinzugewonnen haben, so dass die Firma Sie jetzt für größere oder wichtigere Projekte einsetzen kann, dann ist Ihr Wert für die Firma gestiegen, Ihr Gehalt aber vielleicht nicht. Das ist ein guter Ansatz für eine Gehaltsverhandlung.

All diesen Gründen ist gemeinsam, dass Ihre Leistung einen Mehrwert für das Unternehmen darstellt. Sie liefern einen messbaren Mehrwert für das Unternehmen und sind deswegen in einer guten Position zu sagen: *„Jetzt hätte ich gerne eine angemessene Vergütung entsprechend des Mehrwerts, den ich liefere."*

Positive Beispiele für die Argumentation

Hier nun ein paar konkrete Beispiele für die positiven Argumente in einer Gehaltsverhandlung:

Beispielsweise erzielt ein Unternehmen durch die Gewinnung der Klein AG als neuen Kunden eine Umsatzsteigerung. Dieser Kunde bringt 320.000 Euro im Jahr. Wenn Sie belegen können, dass Sie oder Ihre Projektgruppe diesen Kunden gewonnen haben, dann haben Sie effektiv an einer Umsatzsteigerung mitgearbeitet. Das ist natürlich ein sehr wichtiger Faktor für das Unternehmen. Gleichzeitig hat Ihre Abteilung oder Projektgruppe vielleicht auch eine Kostensenkung durch den Wechsel eines Lieferanten erreicht. Idealerweise sollten Sie die Höhe beziffern. Wie viel spart man durch den neuen Lieferanten ein? Beispielsweise 20.000 Euro im Jahr. So kann ein Vorgesetzter erkennen: Sie liefern einen Beitrag von 320.000 Euro zum Umsatz des Unternehmens oder 20.000 Euro Einsparungen bei den Kosten. Das ist konkret messbar und bietet eine Basis für Ihre Gehaltsforderung.

Ebenfalls positiv ist eine Gewinnsteigerung durch den Verkauf zusätzlicher Service-Leistungen, die eine hohe Marge, also einen relativ hohen Gewinn, bringen, was Sie zum Beispiel mit 30.000 Euro im Jahr beziffern können. Ein weiteres positives Argument wäre ein Marktanteilsgewinn, zum Beispiel messbar als eine Steigerung des Marktanteils um 0,4 Prozentpunkte durch die Einführung einer neuen Modellreihe, an der Sie beteiligt waren. Es können aber auch Prozessthemen sein, wie etwa die Optimierung der Fertigungsabläufe durch eine neue Linie mit einem Einsparpotenzial von etwa 50.000 Euro im Jahr. Das können Sie beziffern, wenn dadurch beispielsweise die Umrüstzeiten kürzer werden. Wie viel kann in dieser eingesparten Zeit von vielleicht zehn Minuten mehr produziert werden? Auf diese Weise kann man daraus einen Geldwert berechnen.

Ein weiterer positiver Grund ist die Übernahme zusätzlicher Projekte und Aufgaben. Das könnte vielleicht die Leitung eines Projekts sein, wie etwa ein Benchmark-Projekt der internen Vertriebsstruktur. Hier lässt sich vielleicht noch nicht exakt messen, was dabei herauskommt, aber es ist klar, dass es bei der Vertriebsstruktur um ein strategisch wichtiges Projekt für das Unternehmen geht, so dass Sie auch hier eine zeitintensive Projektleitung als Mehrwert für das Unternehmen anführen können.

Dies alles sind positive und konkrete Beispiele, wie man vorgehen kann. Sie erfüllen drei Kriterien: nämlich aus

Sicht des Unternehmens zu argumentieren, zu den erklärten Zielen des Unternehmens beizutragen (Umsatz, Gewinn, Kosten etc.) und messbare Erfolge anzugeben. Das sind die drei Punkte, die Sie bei der Festlegung der Leistungen und der Erfolge, die Sie aufzeigen können, zugrunde legen sollten.

Die richtige Einstellung

Ein weiterer wichtiger Punkt ist, mit der richtigen Einstellung in ein Gehaltsverhandlungsgespräch zu gehen. Machen Sie sich bewusst, dass es ein fairer Austausch ist. Sie leisten einen wertvollen Beitrag zu den Ergebnissen des Unternehmens und das Unternehmen leistet seinen Beitrag in Form von Lohn oder Gehalt. Beides muss fair sein. Wenn Sie gute Leistungen erbringen, dann ist es auch gerecht, dafür ein angemessenes Gehalt zu verlangen. Natürlich müssen Sie faktenorientiert argumentieren, gut vorbereitet sein und gute Beispiele dafür aufzählen, wo Sie dem Unternehmen Kosten eingespart haben oder zusätzlichen Umsatz oder Gewinn erzielen konnten. Es kann aber auch sein, dass Sie ein Projekt mit großem Erfolg abgeschlossen haben. Dann haben Sie eine Eigenschaft, die man nicht so leicht ersetzen kann: Sie sind ein Spezialist für ein Thema.

All diese Dinge helfen Ihnen in einer Gehaltsverhandlung. Bleiben Sie immer faktenorientiert und sachlich und machen Sie sich immer wieder bewusst, dass es sich hier um einen Austausch handelt. Deswegen brauchen Sie sich nicht zu verstecken. Sie haben nicht die Rolle eines Bittstellers, wenn Sie zu Ihrem Vorgesetzten gehen oder auch Ihren Job wechseln. Das Unternehmen oder Ihr Vorgesetzter hat vermutlich wenig Lust, den gesamten Recruiting-Prozess neu zu beginnen oder jemand anderen in den Job einzuarbeiten. Denken Sie daran, dass es ein fairer Austausch ist: Leistung gegen Lohn und Lohn gegen Leistung. Mit dieser Einstellung erfüllen Sie eine Grundvoraussetzung, um bei Gehaltsverhandlungen erfolgreich zu sein.

Den Zeitpunkt bewusst wählen

Eine weitere Frage ist ganz wichtig, wenn es um eine Gehaltserhöhung geht: Wann werden die Budgets neu verteilt? Ist das am Anfang oder am Ende des Jahres? Denn wenn keine Budgets mehr da sind, dann bringt Ihnen auch das Gehaltsverhandlungsgespräch nichts. Informieren Sie sich daher im Vorfeld, wie der Abrechnungszyklus in Ihrem Unternehmen ist. Meistens erfolgt die Abrechnung zum Jahresende, was bedeutet, dass ab Januar/Februar neue Budgets zur Verfügung stehen. In einigen Unternehmen endet das Fiskaljahr im März, so dass April ein guter Zeitpunkt ist. Das sollten Sie vorher herausfinden, um eine gute Chance zu haben, dass Ihre Anfrage für eine Gehaltserhöhung erfolgreich ist.

Es gibt diverse weitere Anlässe für ein Gehaltsgespräch, zum Beispiel wenn Sie Ihre Stelle wechseln oder ein zusätzliches Projekt erfolgreich umgesetzt haben. Auch das sind gute Motive, um mit Ihrem Vorgesetzten über einen Gehaltssprung zu sprechen. Denn eine Übernahme von neuen Aufgabenbereichen, eine Vergrößerung des Teams oder aber ein Wechsel in eine andere Abteilung sind immer gute Gründe. Wir leben momentan in Zeiten des ständigen Wandels und jede Veränderung ist eine Chance für Sie, über Ihr Gehalt zu sprechen.

Einen Termin vereinbaren

Mitarbeiterin: Hallo, Chef, ich weiß, der Zeitpunkt ist gerade schlecht. Aber ich wollte fragen, ob wir uns in den nächsten Tagen vielleicht einmal über mein Gehalt unterhalten könnten?

So macht man es natürlich nicht. Wenn Sie mit Ihrem Vorgesetzten über Ihr Gehalt sprechen möchten, legen Sie ihm zwei bis drei Wochen vorher einen Termin in seinen Kalender. Sie können ihn natürlich kurz vorwarnen, dass Sie mit ihm über Ihre Leistung sprechen möchten. Aber dann vereinbaren Sie einen konkreten Termin. Idealerweise buchen Sie auch einen Raum und haben bereits alle Unterlagen vorbereitet. Sie sollten ihn auf gar keinen Fall überrumpeln oder ihm, wie es die Mitarbeiterin in der gerade zitierten Szene macht, bereits Einwände in den Mund legen wie beispielsweise *„Ich weiß, das Budget ist gerade knapp."* oder *„Der Zeitpunkt ist schlecht."*. Selbst Formulierungen wie *„Haben Sie gerade mal einen Moment Zeit?"* oder *„Störe ich gerade?"* suggerieren eigentlich schon, dass er jetzt gleich sagen kann *„Ja, es passt jetzt gerade nicht."*. Deswegen sagen Sie einfach kurz, dass Sie gerne mit ihm über Ihre Leistung sprechen möchten, und fragen ihn, ob es in Ordnung wäre, wenn Sie ihm in zwei oder drei Wochen einen Termin einstellen. Machen Sie dann diesen Termin und gehen Sie gut vorbereitet ins Gespräch.

Warum eine gute Vorbereitung so wichtig ist

Die Vorbereitung auf ein Gehaltsverhandlungsgespräch ist extrem wichtig. Denn das Ergebnis, das Sie dabei herausholen, beeinflusst Ihr Gehalt in den nächsten Monaten bis Jahren. Deshalb ist es äußerst wichtig, diese 10 bis 15 Minuten Gespräch gut vorzubereiten. Es mag vielleicht viel wirken, wenn Sie mehrere Stunden oder vielleicht sogar einen ganzen Tag in die Vorbereitung stecken – nur für 10 oder 15 Minuten Verhandlung –, aber machen Sie sich bewusst, dass dieser Termin mit Ihrem Chef oder zukünftigen Vorgesetzten mehrere Tausend Euro wert sein kann, wenn Sie es schaffen, Ihr Gehalt ein paar Prozentpunkte nach oben zu bringen. Deswegen ist das sehr gut investierte Zeit.

Das Erfolgschart

Wenn Sie einen Termin mit Ihrem Vorgesetzten ausgemacht haben, um über Ihre Leistungen zu sprechen, sollten Sie sich an die Vorbereitung machen. Dazu gehört ein Erfolgschart. Das ist ein kurzes Dokument von etwa einer Seite, in dem Sie die wichtigsten Projekte, die Sie bearbeitet haben, sowie Ihre Erfolge aufzeigen.

Was waren die wesentlichen Kosteneinsparungen, an denen Sie mitgewirkt haben? Mit welchen Aktivitäten haben Sie zum Gewinn oder Umsatz beigetragen? Wo haben Sie eine Spezialistenrolle, zum Beispiel aufgrund von speziellen Kenntnissen? Oder wo übernehmen Sie weitere Aufgaben für andere Abteilungen oder andere Teams, die über Ihren eigenen Aufgabenbereich hinausgehen?

All das wären Punkte, die Sie hier anführen können, die Ihre Leistung ausmachen und Sie zu einem wertvollen Mitarbeiter machen. Es ist sehr wichtig, dass Sie sie schriftlich dokumentieren, um sie dem Vorgesetzten im Gespräch vorlegen zu können. Nehmen Sie sich dafür ein paar Stunden Zeit und überlegen Sie sich genau, was darin vorkommen soll und was die ein, zwei Highlights sind, die Sie konkret im Gehaltsverhandlungstermin ansprechen wollen.

Beispiel für ein Erfolgschart

Leistungen und Erfolge - Stefanie Fuchs

	Aufgaben & Projekte
Aufgaben	- Operative und strategische Leitung des Geschäftsbereichs Modell D26 - Service-Koordination der bestehenden Modellreihen D20 und D24 - Koordination aller Fertigungsbereiche der Standorte in Hessen
Projekte	- Einführung der neuen Modellreihe Modell D26 - Beginn des Planungsprozesses für Nachfolgemodell D28 - Prozessoptimierung der Fertigung im Werk Frankfurt
Spezifische Kenntnisse	- Six Sigma Green Belt (Prozessoptimierung)

	Leistungen & Erfolge
Umsatzsteigerung	- aktuelle Modellreihe vs. voriges Modell **+3,2 Mio. Euro / Jahr**
Kostensenkung	- Fertigungskosten durch neue Lieferanten um 42,- Euro je Stück gesenkt → ca. **80k Euro Kosteneinsparung**
Gewinnsteigerung	- dadurch Gewinnsteigerung von **+720k Euro / Jahr**
Prozessoptimierung	- Reduktion der Anzahl Zulieferbetriebe um 12% (Komplexitätsreduktion) - vereinfachte Abrechnung durch Software „Lean Information Exchange" - Einführung eines Vergütungssystems für Verbesserungsvorschläge von Mitarbeitern (ständige Prozessoptimierung, höhere Mitarbeitermotivation)

Abb. 1: Das Erfolgschart zeigt die eigenen Leistungen und Erfolge in übersichtlicher Form.

Ein Erfolgschart erstellen

Wie erstelle ich ein Erfolgschart und welche Leistungserfolge werden dort aufgeführt? An einem Beispiel möchte ich Sie durch diesen Prozess führen. Eine Vorlage dafür finden Sie auf unserer Website unter folgender Adresse kostenfrei zum Download:

http://www.gehaltsverhandlungsakademie.de/vorlagen

Sie können sie mit einem Textbearbeitungsprogramm bearbeiten und als Grundlage für Ihr Erfolgschart verwenden.

Zunächst muss man neben der Überschrift den Namen eintragen, um das Dokument zu personalisieren. Im Bereich Aufgaben & Projekte im oberen Teil dokumentiert man die Tätigkeiten, die vertraglich vereinbart sind. Hier führt man auch die aktuellen Projekte auf, die vielleicht nicht ständig anfallen, die man aber dem Vorgesetzten in der Gehaltsverhandlung ins Gedächtnis rufen will. Des Weiteren sollte man seine spezifischen Kenntnisse angeben: Das sind Qualifikationen, die Sie besonders auszeichnen.

Wir nehmen als Beispiel die Mitarbeiterin Stefanie Fuchs. Wir gehen davon aus, dass Frau Fuchs bei einem Automobilzulieferer arbeitet. Bei Aufgaben gibt sie zum Beispiel die operative und strategische Leitung des Geschäftsbereichs des Modells D26 ein. Außerdem ist vertraglich die Koordination des Service der bestehenden Modellreihen D20 und D24 sowie die Koordination der Fertigungsbereiche in ganz Hessen vereinbart. Dabei handelt es sich also um übergreifende, nicht zeitlich begrenzte Aufgaben, die sie als Führungskraft für ein standortübergreifendes Projekt hat, das sich über einen längeren Zeitraum erstreckt und viele kleinere Aufgaben beinhaltet.

Unter dem Stichwort Projekte werden die aktuell laufenden Projekte aufgelistet, die momentan den Arbeitsalltag bestimmen. In unserem Beispiel gehört dazu die Einführung der neuen Modellreihe D26. Gleichzeitig beginnt der Planungsprozess für ein neues Modell – das Nachfolgemodell D28. Das verdeutlicht die Komplexität und Vielfältigkeit ihrer Aufgaben: Zum einen muss das bestehende Geschäft gemanagt und zum anderen die Grundlagen für das zukünftige Geschäft geschaffen werden. Außerdem gibt es noch ein weiteres übergreifendes Projekt, nämlich die Optimierung der Fertigungsprozesse im Werk Frankfurt.

Bei den spezifischen Kenntnissen sollte man Zusatzausbildungen angeben. Im Bereich Automobil könnte das beispielsweise ein Six Sigma Green Belt sein, eine Qualifikation zur Durchführung von Prozessoptimierungen.

Mit den Angaben zu den Aufgaben & Projekten beschreibt unsere Kandidatin Stefanie Fuchs die momentanen Tätigkeiten in ihrem Verantwortungsbereich. Das dient eher der Erinnerung für den Vorgesetzten, der vermutlich für mehrere Mitarbeiter verantwortlich ist. Denn bevor man die „Leistungen & Erfolge" darstellt, ist es sinnvoll kurz zusammenzufassen, was man eigentlich macht, welche Tätigkeiten den Arbeitsalltag bestimmen und welche Voraussetzungen man dafür mitbringt. Damit vermeidet man Aussagen des Vorgesetzten wie „Mensch, das ist doch eigentlich Ihr Job!".

Im zweiten Teil des Erfolgscharts geht es um den Kern dessen, was wir in der Gehaltsverhandlung darstellen möchten, nämlich dass wir bestimmte Leistungen und Erfolge – also Dinge, die konkret messbar sind, – erreicht haben. Dazu gehört beispielsweise eine Umsatzsteigerung. Das heißt, das Unternehmen hat aufgrund eines Projekts, an dem man mitgearbeitet hat, mehr Umsatz gemacht. Oder man hat zu einer Kostensenkung beigetragen. Beides führt natürlich zu einer für das Unternehmen sehr erfreulichen Gewinnsteigerung. Zu guter Letzt sollte man individuelle Leistungen angeben, wie etwa persönliches Engagement, eine Fortbildung oder ein übergreifendes Projekt.

Dabei ist es wichtig, nicht nur Leistungen und Erfolge aufzuzeigen, die man individuell erreicht hat, obwohl diese natürlich besonders gut sind und besonders dann aufgeführt werden sollten, wenn man dazu ein Beispiel nennen kann. Wenn Sie zum Beispiel einen ganz besonderen Vorschlag gemacht oder ein ganz besonderes Projekt bearbeitet haben, bei dem eine Umsatzsteigerung, Kostensenkung oder Gewinnsteigerung erreicht wurde, die alleine auf Sie zurückzuführen ist, dann ist das sicherlich ideal. Das wird aber eher selten der Fall sein, denn in der Regel arbeitet man in Teams. Sie können dabei durchaus Erfolge des Teams aufführen. Zum Beispiel wenn das Team, in dem Sie zusammen mit fünf, sechs Mitgliedern gearbeitet haben, in einer Projektarbeit eine Umsatzsteigerung, eine Prozessoptimierung oder eine Kostensenkung erreichen konnte. Diesen Erfolg können Sie hier anführen, auch wenn es sich um eine Teamleistung handelt, denn Sie haben Ihren Beitrag zum Erfolg geleistet.

Im Folgenden ein paar konkrete Beispiele für die Leistungen und Erfolge im Erfolgschart:

Zum Thema Umsatzsteigerung: Gab es im Verantwortungsbereich eine Umsatzsteigerung? In welcher Höhe? In welchem Zeitraum? In dem Beispiel von Stefanie Fuchs hat die aktuelle Modellreihe im Vergleich zum vorigen Modell 3,2 Mio. Euro mehr Umsatz pro Jahr gemacht. Das ist sehr gut messbar und auch sehr positiv. In unserem Erfolgschart können wir diese Aussage in fetten Buchstaben darstellen, damit sie gut sichtbar wird. Denn wir wollen, dass sie der Vorgesetzte im Gespräch schnell wahrnimmt. Deshalb ist es gut, wenn diese Angaben optisch herausstechen.

Beim Thema Kostensenkung gilt das Gleiche: Gab es eine Kostensenkung? Zum Beispiel wurden die Fertigungskosten in der Firma von Frau Fuchs durch neue Lieferanten um 42 Euro je Stück gesenkt. Das ist natürlich wichtig, aber noch nicht konkret genug. Was bedeutet die Einsparung pro Stück auf das Jahr hochgerechnet? Das Gehalt wird ja auch pro Jahr verhandelt und auch Budgets und Umsatzzahlen beziehen sich in der Regel auf einen Jahreszeitraum. Deshalb sollte man diese Angabe entsprechend umrechnen und sagen, dass das einer Einsparung von ca. 80.000 Euro in diesem Jahr entspricht. Da das eine hohe Summe ist, fetten wir die Zahl in unserem Chart, damit sie auffällt.

Auf diese Wese ermitteln wir konkrete Werte für alle Projekte, bei denen wir mitgearbeitet haben. Da in den Bereich von Stefanie Fuchs die Entwicklung neuer Modelle und die Betreuung der aktuellen Modellreihen fällt, ist dies ein Erfolg ihres Verantwortungsbereichs. Natürlich hat sie den Erfolg nicht alleine erreicht, aber es geht um ihren Verantwortungsbereich. Die Modellreihe hat mehr Umsatz gemacht und die Kosten wurden gesenkt. Ob ein Teammitglied der Hauptinitiator dafür war oder sie selbst, ist zweitrangig, denn das sind Ergebnisse aus ihrem Verantwortungsbereich, die nicht von der Hand zu weisen sind.

Zum Thema Gewinnsteigerung: Dadurch, dass der Umsatz stieg, und dadurch, dass Kosten gespart wurden, bleibt natürlich auch mehr Gewinn – in unserem Beispiel nehmen wir einen fiktiven Wert von 720.000 Euro pro Jahr an. Das ist sehr viel und deshalb fetten wir auch diese Zahl. Denn das heißt, dass die Firma durch den Beitrag von Stefanie Fuchs in diesem Jahr ca. 720.000 Euro mehr verdient. Das ist der relevante Wert, mit dem man ihren Beitrag beziffern kann.

Zum Thema individuelle Leistung: Im Bereich Automobil ist die Prozessoptimierung häufig ein wichtiger Punkt. Es kann aber auch jedes andere Thema sein, das die Branche, den Verantwortungsbereich, den aktuellen Job und die aktuelle Position betrifft. Unter dem Stichwort „individuelle Leistung" kann man weitere Erfolge, ein besonderes Engagement, eine besonders gute Umsetzung eines Projekts, eine Verbesserung der Abläufe, eine gute Idee, die realisiert wurde, oder eine übergreifende Aufgabe, die man übernommen hat, aufführen.

Stefanie Fuchs sollte zum Beispiel die Reduktion der Anzahl der Zulieferbetriebe nennen, denn durch die Verringerung der Komplexität wurden die Abläufe verbessert. Außerdem wurde die Abrechnung durch eine neue Software vereinfacht. Als Erinnerung für den Vorgesetzten wird das Stichwort „Lean Information Exchange" genannt. Als drittes Beispiel kann Frau Fuchs die Einführung eines Vergütungssystems für Verbesserungsvorschläge nennen. Das ist für das Unternehmen positiv, weil die Mitarbeiter einen Anreiz haben, Vorschläge einzureichen. Das führt zu einer ständigen Prozessoptimierung. Gleichzeitig erhöht sich die Mitarbeiterzufriedenheit und führt damit zu einer Steigerung der Mitarbeitermotivation.

Zusammenfassung

Wir haben nun ein Erfolgschart erstellt, das man in einer Gehaltsverhandlung verwenden kann. In unserem Beispiel zeigt Stefanie Fuchs sehr deutlich ihre Leistungen und Erfolge, die sie erreicht hat. Sie legt kurz dar, welche Aufgaben vereinbart wurden und welche Projekte zurzeit anliegen. Sie ist für die aktuelle Modellreihe zuständig, betreut aber auch noch die alte Modellreihe und arbeitet auch schon an der neuen Modellreihe. Darüber hinaus übernimmt sie zusätzliche Aufgaben, die sogar über den eigenen Standort hinausgehen. Außerdem hat sie eine Ausbildung zum Six Sigma Green Belt gemacht.

Damit dokumentiert sie dem Vorgesetzten deutlich, dass sie sehr gut für ihre Aufgaben geeignet ist und einen sehr umfangreichen Verantwortungsbereich hat. Unter Leistungen und Erfolge sieht man, dass sie das auch sehr erfolgreich macht. Dies wird an unternehmensrelevanten Kennzahlen wie Umsatzsteigerung, Kostensenkung und Gewinnsteigerung sowie individuellen Leistungen aufgezeigt. Welche Kennzahlen dabei relevant sind, ist natürlich von Unternehmen zu Unternehmen verschieden. Manche Firmen messen als Hauptkriterien etwa Dinge wie Marktanteil oder verkaufte Stück statt Umsatz etc. Die Kategorien auf dem Chart kann man nach

Bedarf anpassen. Es sollten die relevanten Faktoren aus Sicht des Unternehmens sein.

Was ist nun, wenn die Faktenlage von dem Chart-Schema für Leistungen und Erfolge wie Umsatzsteigerung, Kostensenkung, Gewinnsteigerung, individuelle Leistungen abweicht? Wenn man den Umsatz nicht steigern konnte, aber dafür die Kosten senken konnte, kann man das natürlich trotzdem aufnehmen. Im Übrigen ist durchaus legitim, einzelne Themen wegzulassen oder diese nur zu kommentieren.

Grundsätzlich sollte man in das Erfolgschart nichts Negatives schreiben, sondern nur kurze Kommentare abgeben. Zum Beispiel, dass die Kosten konstant geblieben sind, während sich der Umsatz verbessert hat, oder auch andersherum. Wenn die Zahlen nicht so positiv sind, sollte man sich lieber auf die individuellen Leistungen fokussieren und die positiven Beiträge in den Vordergrund stellen. Es ist zum Beispiel durchaus erlaubt zu sagen, dass man keine Umsatzsteigerung erreichen konnte. Der Markt ist um 5% geschrumpft, die eigene Firma aber nur um 2%. Das ist dann sicherlich auch ein Erfolg, da das zu einem höheren Marktanteil führt und bedeutet, dass die Firma nicht mit dem Markt geschrumpft ist, sondern dagegen ankämpfen konnte. In einem schwierigen Umfeld hat man also trotzdem noch einen Erfolg erzielt.

Nun haben Sie ein schönes Erfolgschart, das Sie als Grundlage nehmen können, um Ihren Beitrag zum Unternehmenserfolg in der Gehaltsverhandlung darlegen zu können.

Der eigene Marktwert

Das Wichtigste bei der Vorbereitung des Gehaltsgesprächs ist, dass Sie den eigenen Marktwert auf Basis Ihrer Qualifikation, Ihrer Erfahrung und Ihrer Ausbildung ermitteln. Wie viel sind die Unternehmen momentan bereit, in Ihrer Branche, an Ihrem Standort für diese Position, diese Verantwortung zu bezahlen? Sie sollten auf jeden Fall eine Online-Recherche machen. Es gibt viele Seiten im Internet, die Gehaltsstudien veröffentlichen. Dort kann man sehr schnell sehen, was man in einer Großstadt oder einer Kleinstadt, in einem großen oder kleinen Unternehmen oder in der Automobil- oder Pharmabranche im Vergleich zum Einzelhandel verdient.

Bei der Analyse der Informationen kann man dann feststellen, wo man mit seinem Profil und seinen Qualifikationen ungefähr liegt. Was ist der Durchschnittswert der relevanten Gehälter? Wie groß ist die Bandbreite, in der sich die Löhne und Gehälter für eine vergleichbare Position bewegen? Wenn man beispielsweise ermittelt, dass für eine ähnliche Stelle 50.000 bis 60.000 Euro bezahlt werden und der Durchschnittswert bei 54.000 Euro liegt, kann man einschätzen, wo man steht beziehungsweise welches Ziel man ins Auge fassen kann.

Für das Gespräch stellt man diese Informationen am besten in anschaulicher Form in einem Dokument dar. Was ist der Durchschnittsverdienst in dieser Branche und dieser Position und was ist die Bandbreite? Zum Beispiel kann der Durchschnittswert, der für diese Position in einer vergleichbaren Branche gezahlt wird, bei 53.000 Euro liegen, und die Bandbreite von 50.000 bis 60.000

Euro reichen. In das Dokument gehören auch die Faktoren, die diese Bandbreite beeinflussen. Das kann zum Beispiel die Größe des Teams sein, das man verantwortet, eine bestimmte Projekterfahrung, die man mitbringt, oder bestimmte Zusatzqualifikationen, die man braucht. Sie sollten nun Ihr eigenes Profil mit diesen Informationen abgleichen. Wenn Sie ähnliche Qualifikationen und Erfahrungen mitbringen, sollte Ihr Gehalt am oberen Rand der Bandbreite liegen. Wenn Sie gerade neu in diesem Bereich anfangen und wenig Erfahrung haben, liegt Ihr Gehalt wahrscheinlich eher am unteren Rand.

Mit diesem Dokument können Sie in der Gehaltsverhandlung Ihre Forderung begründen und beispielsweise darlegen, warum Ihr Gehalt eher in einem höheren Bereich liegen sollte.

Beispiel für einen Gehaltsreport

Gehaltsreport Senior Produktmanager Automobil

Kandidatenprofil

Berufserfahrung	- 8 Jahre Berufserfahrung in der Automobilbranche - Führung von 2 Mitarbeitern - Budgetverantwortung 1,2 Mio. Euro
Projekterfahrung	- Einführung einer neuen Modellreihe - Prozessoptimierung der Fertigung im Werk Frankfurt
Qualifikationen	- Betriebswirtschaftliches Studium an der Universität Mannheim - 2 Jahre Auslandserfahrung am Produktionsstandort in den USA - Ausbildung zum Six Sigma Green Belt (Prozessoptimierung)

Positionsprofil

Branche	- Automobil-Zulieferer
Unternehmensgröße	- 30 Mitarbeiter
Region	- Baden-Württemberg - Rhein-Neckar-Kreis
Aufgabenbereich	- Operative und strategische Leitung des Geschäftsbereichs Modell D26 - Führung von 4 Mitarbeitern - Budgetverantwortung 2,0 Mio. Euro - Berichtslinie an den Geschäftsführer Marketing

Gehaltsvergleich Senior Produktmanager

Abfragewerte	- Bruttojahresgehalt Senior Produktmanager - 5-10 Jahre Berufserfahrung - Automobilbranche - Rhein-Neckar-Kreis - Unternehmensgröße 10-50 Mitarbeiter

Niedrigstes Gehalt (unteres Ende der Bandbreite)	Durchschnittsgehalt (gewichteter Durchschnitt aller Gehälter)	Median (am häufigsten gezahltes Gehalt)	Höchstes Gehalt (das obere Ende der Bandbreite)
48.195,- €	61.736,- €	71.613,- €	106.650,- €

Quelle: Internetrecherche Gehaltsdatenbanken

Abb. 2: Der Gehaltsreport zeigt den aktuellen Wert des eigenen Profils und die Vergütung vergleichbarer Stellen.

Einen Gehaltsreport erstellen

Wie kann man nun konkret seinen aktuellen Marktwert bestimmen und ihn anschaulich darstellen? Dazu kann man unseren Standard-Gehaltsreport nutzen und ihn an die eigenen Kenntnisse, Erfahrungen und Bedürfnisse anpassen.

Eine Vorlage dafür finden Sie auf unserer Website unter folgender Adresse kostenfrei zum Download:

http://www.gehaltsverhandlungsakademie.de/vorlagen

Als Beispiel nehmen wir einen Senior Produktmanager im Automobilbereich. Grundsätzlich ist der Gehaltsreport das Ergebnis einer Internetrecherche, man kann aber auch andere Quellen nutzen. Das Internet macht es aber sehr einfach, denn es gibt viele Seiten, die Gehälter abfragen und Durchschnittswerte bilden und sie nach Branche, Unternehmensgröße, Region, Erfahrung etc. auflisten. Man kann dort sehr leicht Informationen darüber sammeln, wie hoch das Gehalt für einen Job oder eine Position aktuell ist. Natürlich hängt die Bezahlung auch immer vom individuellen Profil ab. Deshalb gibt es in der Regel eine Bandbreite für das Gehalt und keinen fixen Wert.

Der erste Teil des Gehaltsreports ist das Kandidatenprofil. Dazu gehören die Themen Berufserfahrung, spezifische Projekterfahrung und besondere Qualifikationen. Zur Berufserfahrung zählt insbesondere die Anzahl der Jahre, die man bereits in diesem Bereich arbeitet, aber auch Spezifika wie etwa Führungsverantwortung für Mitarbeiter oder

Budgetverantwortung. Das sind quantifizierbare Daten, die Jobs vergleichbar machen.

Die Projekterfahrung zeigt, mit welchen Themen man in der Vergangenheit bereits zu tun hatte. Manche Punkte machen einen Kandidaten für ein bestimmtes Unternehmen interessant, da er bereits Erfahrungen sammeln konnte und deswegen vielleicht schon weiß, wie man bestimmte Probleme anpackt. Vielleicht verfügt er über so viel Know-how, dass er für größere Herausforderungen geeignet ist. Das alles steigert natürlich den eigenen Wert.

Qualifikationen sind das dritte Thema des Kandidatenprofils. Dazu gehören etwa die einzelnen Stationen des Studiums, Auslandserfahrung, aber auch berufsspezifische Ausbildungen oder Sonderqualifikationen. Bei unserer Beispiel-Mitarbeiterin ist es die Ausbildung zum Six Sigma Green Belt, eine Qualifikation, die vor allem für die Prozessoptimierung im Automobilbereich sinnvoll ist. Das sind die harten Fakten der Qualifikation, die ein Kandidat mitbringt und die ihn für einen zukünftigen Arbeitgeber attraktiv machen. Beim derzeitigen Arbeitgeber bilden sie einen Status quo, den man mit externen Fakten des Arbeitsmarkts abgleichen kann.

Der zweite Teil des Gehaltsreports besteht aus dem Positionsprofil. Dabei handelt es sich um das Profil der Stelle, auf der man derzeit arbeitet oder in Zukunft arbeiten möchte. Während das Kandidatenprofil die harten Fakten zu der Person, die nach mehr Gehalt fragt, beinhaltet, enthält das Positionsprofil die Beschreibung der Stelle, auf der man momentan tätig ist.

Zwischen den beiden Profilarten kann es durchaus Diskrepanzen geben, wenn man beispielsweise deutlich mehr Erfahrung mitbringt, als für die Position nötig ist oder die Position eigentlich eine bessere Qualifikation erfordert, als der Kandidat hat. Darauf kann man eine Argumentationskette aufbauen, indem man sagt, dass man eigentlich von seinem Kandidatenprofil her sehr qualifiziert ist und vielleicht einen verantwortungsvollen Job hat. Deshalb müsste man eigentlich besser bezahlt werden, als das momentan der Fall ist.

In das Positionsprofil gehören Angaben zur Branche – in unserem Fall ist es der Automobilzulieferer – sowie zur Unternehmensgröße – hier bemessen nach der Anzahl der Mitarbeiter. Die Unternehmensgröße kann man aber auch durch den Umsatz verdeutlichen. Man sollte die Region nennen – hier der Rhein-Neckar-Kreis in Baden-Württemberg. Außerdem sollte man stichpunktartig den aktuellen Aufgabenbereich beschreiben, zum Beispiel die Führung von vier Mitarbeitern, Budgetverantwortung von 2 Mio. Euro und Berichtslinie an den Geschäftsführer Marketing.

All dies sind Faktoren, die im externen Vergleich das Gehalt beeinflussen. Das heißt, bestimmte Branchen, wie Automobilzulieferer, zahlen mehr als andere Branchen, wie etwa der Lebensmittel-Einzelhandel. Die Unternehmensgröße ist ebenfalls relevant. Große Unternehmen zahlen in der Regel besser als kleinere. Wichtig ist auch die Region. In Baden-Württemberg und Bayern beispielsweise sind die Einkommen – aber auch die Lebenshaltungskosten – häufig etwas höher als in anderen Teilen Deutschlands.

Unter dem Stichwort Aufgabenbereich werden die aktuellen Aufgaben aufgelistet und Angaben dazu gemacht, wie viel Verantwortung man als Mitarbeiter in dieser Position zurzeit hat. Diese Informationen ergeben ein gutes Bild über den Kandidaten und die Stelle, auf der er arbeitet. Wie viel ist nun seine Leistung und Erfahrung momentan am Markt wert? Antworten dazu liefert der Gehaltsvergleich.

Das Kernstück des Gehaltsreports ist der Gehaltsvergleich für eine Stelle mit ähnlichen Charakteristika – in unserem Beispiel der Senior Produktmanager mit entsprechender Berufserfahrung, in dieser Branche, in dieser Region und mit dieser Unternehmensgröße. Die Informationen dazu kann man, wie gesagt, leicht im Internet über Gehaltsvergleichs-Datenbanken ermitteln. Hier dürfen aber auch Angaben aus dem Bekannten- und Freundeskreis einfließen.

Beim Gehaltsvergleich sollte man das niedrigste Gehalt, also das untere Ende der Bandbreite, angeben, in diesem Fall 41.195 Euro Bruttogehalt. Dann folgt der gewichtete Durchschnitt aller relevanten Gehälter, also 61.736 Euro Bruttogehalt, und das höchste Bruttogehalt mit 106.650 Euro als oberes Ende der Bandbreite.

Große Aussagekraft hat dabei der gewichtete Durchschnitt aller Gehälter. sehr wichtig ist aber auch der Median. Der Median ist das am häufigsten gezahlte Gehalt, also der Bereich, in dem sich der Großteil der Mitarbeiter mit einem vergleichbaren Profil bewegt. Durch eine sehr große Spreizung, also ein sehr hohes oder ein sehr niedriges Gehalt, kann sich das Durchschnittsgehalt nach oben oder unten verschieben. Der Median hingegen – also die Anzahl der Personen, die ein bestimmtes Gehalt beziehen, – bleibt relativ gleich. In unserem Beispiel liegt der Median oder das am häufigsten gezahlte Gehalt bei 71.613 Euro.

Auf diese Weise erhält man als Orientierung, das Durchschnittsgehalt und den Median. Die Angaben beziehen sich auf einen Mitarbeiter mit fünf bis zehn Jahren Berufserfahrung in einer bestimmten Branche in einer bestimmten Region. Wenn Sie im oberen Bereich der Zeitspanne von fünf bis zehn Jahren liegen, Ihr Unternehmen relativ groß ist oder Sie bestimmte Kenntnisse oder spezifische Projekterfahrungen mitbringen, dann ist es durchaus gerechtfertigt, dass Ihr Gehalt am oberen Rand liegt, das heißt, dass Sie mehr als der Durchschnitt verdienen. Wenn Sie erst am Anfang Ihrer Berufslaufbahn stehen, das Unternehmen eher klein ist oder Sie wenig Erfahrung mitbringen, dann liegt Ihr Gehalt am unteren Rand der Bandbreite. Mit diesen relativ objektiven Vergleichswerten hat man eine Gesprächsbasis, auf der man die Gehaltsverhandlung führen kann, um eine Erhöhung oder ein höheres Einstiegsgehalt zu erzielen.

Zusammenfassung

Der Gehaltsreport besteht aus dem Kandidatenprofil, das umreißt, welche Berufserfahrung, Projekterfahrung und Qualifikationen jemand tatsächlich mitbringt. Der Report enthält außerdem die Positionsbeschreibung: Was erfordert die Position, in der man aktuell arbeitet oder zukünftig arbeiten möchte? In welcher Branche, in welchem Umfeld, mit welcher Verantwortung und welchen Aufgaben? Drittens folgt der Gehaltsvergleich: Wie wird ein vergleichbarer Kandidat mit einer vergleichbaren Erfahrung auf einer vergleichbaren Stelle momentan am Markt bezahlt? Was ist das niedrigste und das höchste Gehalt, also die Bandbreite? Was ist der Durchschnitt und der Median?

Anhand dieser Angaben können Sie feststellen, wo Ihr Gehalt liegen sollte. Damit sind Sie für eine Verhandlung über eine Gehaltserhöhung gut gewappnet.

Das Gespräch – die eigenen Erfolge darlegen

Der Tag des Gesprächs mit Ihrem Vorgesetzten ist da. Diesen Termin haben Sie gut vorbereitet. Machen Sie sich nun bewusst, dass Sie ihn auf Augenhöhe treffen. Es interessieren in diesem Moment nicht die Details Ihres derzeitigen Projekts, über das sie beide vielleicht am Morgen noch gesprochen haben.

Sie diskutieren jetzt mit ihm, welchen Mehrwert Sie in den letzten Monaten für die Firma erbracht haben und wie die Entlohnung dafür aussieht. Dafür haben Sie das Erfolgsdokument erstellt. Zeigen Sie Ihrem Vorgesetzten anhand dieses Charts, was Sie tatsächlich für die Firma gemacht, welche Erfolge Sie erzielt und welche spezifischen Kenntnisse Sie haben, die Sie in die Firma einbringen. Dabei sollten Sie nicht fordernd auftreten, sondern die Gründe sachlich vortragen und Ihre Erfolge aufzeigen.

Im Anschluss daran fragen Sie ihn konkret, wie Ihre gehaltlichen Weiterentwicklungsmöglichkeiten aussehen. Dabei ist die Wortwahl wichtig. Sie sollten nicht sagen *„Könnte ich bitte eine Gehaltserhöhung bekommen?"* oder *„Wäre es vielleicht möglich, dass..."*.

Treten Sie durchaus bestimmt, aber nicht fordernd auf. Wählen Sie Formulierungen wie *„Meine Erfolge der letzten Monate waren..., ich denke, es ist angemessen, dass wir daher über meine gehaltliche Weiterentwicklung sprechen."* oder *„Ich denke, meine Leistungen sind sehr gut. Welche Möglichkeiten gibt es, mich auch gehaltlich weiterzuentwickeln, so dass die Bezahlung meinem Leistungsniveau angemessen ist?".*

Das sind sachliche, neutrale Formulierungen, die Sie verwenden können. Jetzt gibt es zwei Möglichkeiten: Entweder Ihr Vorgesetzter geht darauf ein und sagt Ihnen zu, sich darum zu kümmern, oder er blockt ab.

Der Dialog könnte so starten:

Vorgesetzter: *Hallo, Frau Fuchs, Sie hatten zu diesem Termin eingeladen. Wie kann ich Ihnen helfen?*

Mitarbeitern: *Ja, ich arbeite ja jetzt schon einige Jahre hier in Ihrer Firma und es macht mir wirklich sehr großen Spaß. Da wollte ich mal fragen, ob wir uns über meine Leistungen unterhalten können?*

Vorgesetzter: *Selbstverständlich. Na klar!*

Mitarbeiterin: *Ich habe da etwas vorbereitet. Ich konnte ja in den letzten Jahren sehr viele Projekte bei Ihnen machen, die meisten davon auch mit sehr großem Erfolg. Bei dem letzten Projekt konnte ich eine Effizienzsteigerung von 12% verbuchen.*

Vorgesetzter: *Das war das Produktionsprojekt, oder?*

Mitarbeiterin: *Genau. Und ich möchte mich natürlich auch finanziell weiterentwickeln. Welche Möglichkeiten können Sie mir denn da geben?*

Das Gespräch – den eigenen Marktwert darlegen

Wenn der Vorgesetzte abblockt oder das Gespräch ins Stocken gerät, haben Sie noch den Gehaltsreport, mit dem Sie darlegen können, was Ihr Job und Ihre Leistung momentan am Markt wert ist. Er basiert auf Ihrer Online-Recherche und zeigt, in welcher Bandbreite sich das Gehalt für Ihr Anforderungsprofil oder Ihr Jobprofil momentan bei anderen Unternehmen am Markt bewegt.

Nun ist es an der Zeit, Ihrem Vorgesetzten dieses Dokument zu zeigen, um weitere Daten für ein faires Gehalt zu liefern. Liegt Ihr Jahresgehalt beispielsweise derzeit bei 52.000 Euro und Ihre Recherche hat ergeben, dass die Bandbreite bei 50.000 bis 60.000 Euro liegt, können Sie an dieser Stelle deutlich machen, dass Sie sich von Ihren Qualifikationen, Ihrer Erfahrung und Ihren Leistungen her eher im mittleren bis oberen Bereich sehen.

Damit liefern Sie konkrete Fakten, um noch einmal Ihre Gehaltsforderung in einem sehr sachlichen, freundlichen Ton zu erläutern, immer auf der Basis „Ich gebe hier sehr gute Leistungen ab, möchte aber natürlich auch, dass das anerkannt wird.". Wichtig ist bei alldem, dass Sie immer sachlich bleiben, der Ton insgesamt freundlich und nicht zu fordernd ist. Denn letztendlich möchten Sie ja auch weiterhin in dieser Firma arbeiten. Aber dennoch sollten Sie Ihren Standpunkt mit Festigkeit vortragen.

Der Dialog könnte so weitergehen:

Vorgesetzter: Hallo, Frau Fuchs, Sie hatten zu diesem Termin eingeladen. Wie kann ich Ihnen helfen?

Mitarbeitern: *Ja, ich arbeite ja jetzt schon einige Jahre hier in Ihrer Firma und es macht mir wirklich sehr großen Spaß. Da wollte ich mal fragen, ob wir uns über meine Leistungen unterhalten können?*

Vorgesetzter: *Selbstverständlich. Na klar!*

Mitarbeiterin: *Ich habe da etwas vorbereitet.*

An dieser legt sie dem Vorgesetzten das Erfolgschart vor.

Mitarbeiterin: *Ich konnte ja in den letzten Jahren sehr viele Projekte bei Ihnen machen, die meisten davon auch mit sehr großem Erfolg. Bei dem letzten Projekt konnte ich eine Effizienzsteigerung von 12% verbuchen.*

Vorgesetzter: *Das war das Produktionsprojekt, oder?*

Mitarbeiterin: *Genau. Und ich möchte mich natürlich auch finanziell weiterentwickeln. Welche Möglichkeiten können Sie mir denn da geben?*

Vorgesetzter: *Also, Frau Fuchs, ich bin wirklich sehr zufrieden mit Ihrer Leistung. Das sind natürlich tolle Projekte, die Sie gemacht haben, und auch mit sehr, sehr guten Ergebnissen. Das ist definitiv nicht von der Hand zu weisen.*

Mitarbeiterin: *Das freut mich.*

Vorgesetzter: *Sie wissen ja, wie die momentane wirtschaftliche Lage ist. So gerne ich da was machen würde, sind mir leider die Hände gebunden und die Budgets für dieses Jahr sind eigentlich erschöpft.*

Mitarbeiterin: *Ich habe ein bisschen recherchiert, was derzeit am Markt bezahlt wird.*

An dieser legt sie dem Vorgesetzten den Gehaltsreport vor.

Mitarbeiterin: *Mit meiner Berufserfahrung und meiner Qualifizierung ist ein Gehalt im Bereich zwischen 50.000 und 60.000 Euro üblich. Momentan bekomme ich 52.000 Euro, ich sehe mich allerdings eher im mittleren bis oberen Bereich.*

Vorgesetzter: *Gut, das hängt natürlich von vielen Faktoren ab. Angesichts Ihrer Berufserfahrung und Ihrer guten Ergebnisse ... ich kann Ihnen heute nichts zusagen, aber ich kann vielleicht versuchen, Ihnen ein Stück weit entgegenzukommen. Vielleicht können wir uns im mittleren Bereich treffen, denn wir wollen Sie gerne behalten und möchten, dass Sie auch zufrieden sind. Ich kann Ihnen heute nichts versprechen, werde aber noch mal Rücksprache mit der Personalabteilung halten und mich in den nächsten Tagen wieder bei Ihnen melden. Ist das in Ordnung?*

Mitarbeiterin: *Das würde mich sehr freuen, vielen Dank!*

Vorgesetzter: *Danke.*

Mehr als nur Gehalt

Wenn Sie gut verhandelt haben, haben Sie nun ein verbessertes Angebot vom Arbeitgeber erhalten. Jetzt muss man für sich entscheiden, ob man damit zufrieden ist und das erreicht hat, was man sich vorgenommen hat.

Machen Sie sich auch bewusst: Es geht nicht nur um Geld, Sie möchten auch in einem Job arbeiten, der Ihnen Spaß macht und in dem Sie sich auch in den nächsten Jahre noch sehen.

Wenn die finanziellen Möglichkeiten des Unternehmens begrenzt sind, besteht häufig auch noch die Möglichkeit, andere Bestandteile des Gehalts zu verhandeln. Das können leistungsabhängige Zahlungen sein, also Dinge, die nicht fix vereinbart sind, sondern von bestimmten Erfolgen abhängen, oder Schulungen und Fortbildungen, für die es in vielen Firmen ein Extra-Budget gibt.

Mitarbeiterin: Eine andere Art der Wertschätzung wäre es für mich, wenn Sie mich bei Fortbildungsmaßnahmen unterstützen würden. Wenn ich meine Qualifikationen ausbaue kommt das ja auch der Firma zugute.

Vorgesetzter: Wir haben pro Mitarbeiter ein Budget von 500 Euro pro Jahr für selbst organisierte Fortbildungsmaßnahmen, die den eigenen Bereich betreffen. Das müssen wir natürlich gemeinsam abstimmen, wäre aber definitiv ein Bestandteil, der noch mal zusätzlich zu Ihrem Gehalt dazukäme.

Oder alternativ:

Mitarbeiterin: Gerne können wir auch variable Bestandteile, wie etwa Bonuszahlungen bei erreichen eines bestimmten Ziels vereinbaren.

Vorgesetzter: Zusätzlich zum Fixgehalt können wir statt einer fixen, geringen Gehaltserhöhung eine leistungsabhängige Vergütung anbieten, die bei Ihrem Level in etwa bei 5% bis 10% liegen würde. Wenn Sie die vereinbarten Ziele im Jahr voll erreichen, ist das auch noch mal ein Bestandteil, der höher ausfallen würde, als wenn wir uns jetzt auf eine geringere fixe Gehaltserhöhung einigen. Wenn die Ziele erreicht werden, können wir uns dann auch einen größeren Gehaltsbeitrag vorstellen.

Oder aber:

Mitarbeiterin: Gibt es in sechs Monaten vielleicht noch mal die Gelegenheit, über meine Leistungen zu sprechen?

Vorgesetzter: Natürlich. Eigentlich sprechen wir einmal im Jahr über die Leistung. Da schaut man sich dann an, wo man steht und wie die Weiterentwicklungsmöglichkeiten sind. Ich kann Ihnen gerne anbieten, dass wir ein solches Gespräch schon nach sechs Monaten führen, um zu schauen, wie es läuft und wie Ihr Weg hier weitergehen kann.

Das Angebot annehmen

Wenn Sie mit dem Angebot zufrieden sind, sollten Sie sich jetzt entsprechend positiv äußern. In der Verhandlung haben Sie natürlich hart argumentiert, aber Sie sind sehr motiviert, in diesem Unternehmen in dieser Position zu arbeiten. Das sollten Sie jetzt auch zeigen. Bedanken Sie sich für das gute, konstruktive Gespräch sowie dafür, dass die Firma Ihnen entgegengekommen ist und Ihnen ein entsprechendes Angebot gemacht hat. Machen Sie noch einmal deutlich, dass Sie gerne in diesem Unternehmen arbeiten.

Vorgesetzter: *Wäre das denn ein Angebot, auf das wir uns einigen könnten?*

Mitarbeiterin: *Ja, darauf können wir uns definitiv einigen. Ja, sehr gerne.*

Vorgesetzter: *Vielen Dank!*

Mitarbeiterin: *Schönen Tag Ihnen!*

Es ist wichtig, die Gehaltsverhandlung mit einem positiven Eindruck abzuschließen. Beide Parteien müssen das Gefühl haben, sich auf einen fairen Wert geeinigt zu haben, und dass Sie nun weiterhin motiviert und engagiert Ihren Aufgaben nachgehen.

Exkurs: Bei einem Jobwechsel mehr Gehalt verhandeln

Es gibt viele Anlässe, um über das eigene Gehalt zu sprechen. Neben dem jährlich stattfindenden Feedback-Gespräch mit dem Vorgesetzten und Veränderungen im eigenen Aufgabenbereich ist ein Jobwechsel eine der besten Gelegenheiten das Thema anzusprechen.

Dabei spielt es keine Rolle, ob der Jobwechsel innerhalb des Unternehmens stattfindet, oder ob Sie bei einem neuen Arbeitgeber starten. Lediglich die Strategie unterscheidet sich etwas, da Ihr jetziger Arbeitgeber Ihr aktuelles Gehalt kennt, und er in der Gehaltsverhandlung damit einen Referenzwert hat. Bei einem externen Jobwechsel dagegen haben Sie die Möglichkeit, einen deutlich größeren Sprung zu machen.

In beiden Fällen übernehmen Sie neue Aufgaben. Das wird nicht ohne Grund passieren. Sie sind entweder ein besonders geeigneter Kandidat für die Stelle, und/oder Ihr Arbeitgeber möchte Sie gerne in dieser neuen Position haben. Das ist eine gute Ausgangslage, um über ein für die neue Stelle angemessenes Gehalt zu sprechen.

Häufig gehen Jobwechsel auch mit gestiegener Verantwortung einher. Auch das ist ein guter Startpunkt, da eine größere Verantwortung einen deutlichen Mehrwert für das Unternehmen darstellt. Es ist gerechtfertigt, einen Teil dieses Mehrwertes in Form einer Gehaltserhöhung als Gegenleistung vom Arbeitgeber zu erwarten.

Aber wie gehen Sie das Thema an?

Idealerweise warten Sie, bis Ihr Arbeitgeber Ihnen ein Gehaltsangebot vorlegt. So können Sie darauf reagieren, ohne sich selbst in die Karten schauen zu lassen. Bei einem Wechsel des Arbeitgebers sollten Sie auf keinen Fall Ihr jetziges Gehalt nennen, oder einen konkreten Zielwert. Denn vielleicht ist das Unternehmen ja bereit, deutlich mehr zu zahlen. Wenn Sie als erstes Ihr Wunschgehalt nennen, vergeben Sie ggf. die Chance auf ein zusätzliches Einkommen.

Das gilt auch schon für die Bewerbung. Auch wenn in der Stellenanzeige nach einem Gehaltswunsch gefragt wird, sollten Sie hier nur angeben: "verhandelbar", oder "marktüblich", oder diese Angabe gleich weglassen. Es ist wichtig, sich nicht schon im Anschreiben die Möglichkeit auf ein höheres Gehalt zu nehmen. Wenn Sie eine gelungene Bewerbung einsenden, wird man Sie auch ohne die Gehaltsangabe zu einem Vorstellungsgespräch einladen. Befolgen Sie die Grundregeln und Tipps für eine ansprechende Bewerbung, und die fehlende Gehaltsangabe wird den Arbeitgeber nicht stören.

Aber auch wenn Sie innerhalb der Firma wechseln, sollten Sie zunächst ein Angebot Ihres Vorgesetzten abwarten. Natürlich können Sie in den ersten Gesprächen bereits das Thema ansprechen, damit sich Ihr Chef darauf vorbereiten kann. Aber eine konkrete Vorstellung sollte vom Arbeitgeber und nicht von Ihnen kommen. Schließlich möchte der Arbeitgeber Sie auf die neue Position versetzen, und nicht umgekehrt.

Sollte Ihr Vorgesetzter davon ausgehen, dass Sie den Job ohne eine Verbesserung Ihres Gehalts wechseln, müssen Sie selbst tätig werden.

Vereinbaren Sie dazu mit genug Vorlauf (idealerweise 1-2 Wochen) einen Termin, für den Sie ankündigen, über Ihre Leistungen oder Details zum Jobwechsel sprechen zu wollen. Ihr Chef muss die Möglichkeit haben, sich auf das Gespräch vorzubereiten, und im Vorfeld mit seinen Vorgesetzten oder der Personalabteilung den Spielraum für eine Gehaltsanpassung klären zu können.

Im Gespräch legen Sie Ihre im jetzigen Job erzielten Erfolge dar, und stellen Ihre jetzigen Verantwortlichkeiten mit Ihren zukünftigen gegenüber. Dazu können die verantworteten Produkte gehören, von denen Sie nun mehr betreuen müssen, eine höhere Umsatzverantwortung, oder eine gestiegene Zahl an Mitarbeitern, oder eine höhere Budgetsumme. Alles, was den neuen Job anspruchsvoller, größer, oder komplizierter macht, können Sie hier anführen.

Wichtig ist dabei, immer sachlich und freundlich zu bleiben. Zeigen Sie die Fakten auf, ohne fordernd zu wirken. Schließlich arbeiten Sie langfristig im Unternehmen und mit Ihrem Chef zusammen, und wollen nicht die gute Zusammenarbeit durch ein zu harsches Auftreten riskieren. Es spricht aber nichts dagegen, Ihren Punkt inhaltlich, sachlich und klar darzulegen, und für Ihre Sache zu argumentieren.

Nach dem Sie die Fakten dargelegt haben, fragen Sie direkt nach, welche Vergütung für die neue Position vorgesehen ist, oder wie sich Ihr Chef Ihre Vergütung in der neuen Rolle vorstellt. Damit kommunizieren Sie deutlich Ihren Anspruch, sich gehaltlich weiterzuentwickeln. So können Sie aber vermeiden, dass es nach einer Forderung klingt. Eine direkte Konfrontation wie "dafür möchte ich mehr Gehalt" ist sehr direkt, und kann die Beziehung zu Ihrem Chef belasten. Eine indirekte Frageform ist daher geeigneter.

Es ist durchaus üblich, dass Ihr Chef Ihnen nicht direkt eine konkrete Zusage geben kann. Denn schließlich ist eine Gehaltserhöhung auch immer eine Frage von Budgets, Genehmigungen und internen Prozessen. Ihr Ziel ist es aber, dass Ihr direkter Vorgesetzter Ihre Erwartungshaltung nachvollziehen kann, versteht, und Ihnen eine Prüfung zusagt.

Damit haben Sie den Grundstein gelegt, um in einem zweiten Gespräch das Thema Gehaltserhöhung wieder ansprechen zu können. Ihr Chef muss Ihnen nun eine Antwort geben, und sich der Sache annehmen. Und da er Ihre Erwartungshaltung kennt, steht er nun unter Druck Ihnen eine für beide Seiten zufrieden stellende Lösung anbieten zu müssen.

Warten Sie nun auf sein Angebot. Nach ca. ein bis zwei Wochen ist es angemessen, sich nach dem Stand zu erkundigen. Sofern möglich, sollten Sie die Gehaltsfrage noch vor deinem Wechsel in die neue Position abgeschlossen haben.

In der Verhandlung um die Höhe des neuen Gehalts greifen natürlich alle Strategien, die wir in den vorigen Kapiteln in diesem Buch erarbeitet haben. Nutzen Sie die Chance, um mit dem Jobwechsel Ihr Gehalt nachhaltig zu steigern.

Wenn Sie ein Angebot erhalten haben, und Ihre Erwartungen nicht erfüllt worden sind, kommunizieren Sie das. Auch hier gilt es, sachlich und freundlich zu bleiben. Ziel ist es nun, bei nächster Gelegenheit, z.B. dem nächsten Feedbackgespräch, an die Verhandlung anknüpfen zu können, und ggf. dann eine weitere Gehaltserhöhung verhandeln zu können.

Sie können z.B. sagen:

"Ehrlich gesagt hatte ich eine deutlichere Verbesserung meines Einkommens erwartet. Die neue Position ist viel umfangreicher als meine jetzige. Ich freue mich auf die neue Aufgabe, aber gehaltlich bewege ich mich nun eher am unteren Rand dessen, was ich für eine solche Tätigkeit erwarten würde. Können wir meine Vergütung in der nächsten Evaluation im Februar noch einmal aufnehmen?"

Auf diese Weise zeigen Sie Ihre weiterhin hohe Motivation für den Job, legen aber auch sachlich dar, dass Sie mehr erwartet hatten. Durch die zeitliche Verschiebung des Themas bieten Sie Ihrem Vorgesetzten einen Ausweg an, eröffnen sich aber gleichzeitig die Möglichkeit, in einigen Monaten einen neuen Versuch zu starten.

Über uns

Es gibt viele Ratgeber und Internetseiten zum Thema Gehalt und Gehaltsverhandlung. Leider ist die Qualität oft mangelhaft, bzw. die vermeintlichen Tipps sind oft oberflächlich oder inhaltlich falsch. Viele der Autoren solcher Ratgeber kommen selbst nicht aus der Praxis, und geben daher gut gemeinte, aber oft irreführende Anleitungen.

Wir von der Gehaltsverhandlungsakademie sind selbst in Ihrer Situation gewesen und mussten Gehaltsverhandlungen mit unseren Vorgesetzten führen. Aber wir haben auch mit unseren eigenen Teams über Gehalt gesprochen, und kennen daher die "andere Seite": wie man als Vorgesetzter auf Gehaltsforderungen reagiert, und welchen Spielraum Vorgesetzte haben. Durch viele Verhandlungen wissen wir, was ein erfolgreiches Gespräch ausmacht, und welche Strategien zum Erfolg führen.

Und wir möchten dieses Wissen mit Ihnen teilen.

Wir bringen Erfahrung mit Unternehmen wie Unilever, Daimler, Roche oder Henkel mit. Wir sind selbst durch viele Gehaltsverhandlungen bei Top Arbeitgebern gegangen, sind in manchen Gesprächen gescheitert (heute wissen wir warum), und haben viele erfolgreich gemeistert. Wir haben in den Bereichen Marketing, Verkauf, Finanzen, Qualitätsmanagement und Beratung von namhaften Unternehmen gearbeitet.

Eine erfolgreiche Gehaltsverhandlung erfordert neben der richtigen Strategie und Know-How etwas Einsatz und Vorbereitung. Einen Marathon läuft man schließlich auch nicht unvorbereitet. Für die optimale Vorbereitung haben wir in diesem Buch sowie in der Gehaltsverhandlungsakademie ein umfassendes Training für Ihre Gehaltsverhandlung zusammengestellt.

Wir wünschen Ihnen viel Erfolg bei der Vorbereitung auf Ihre Gehaltsverhandlung!

Tobias C. Meier
Gehaltsverhandlungsakademie

Hat Ihnen dieses Buch gefallen?

Dann helfen Sie anderen in Ihrer Situation bei der Auswahl eines geeigneten Vorbereitungsbuchs. Auch ich als Autor freue mich sehr über ehrliches Feedback. Positiv oder negativ, es hilft mir dieses Buch weiter zu verbessern und auf Basis der Anregungen in Zukunft zu erweitern. Und über positive Rückmeldungen freue ich mich natürlich besonders, denn sie machen Mut, dass Ihnen mein Ratgeber bei Ihrer Vorbereitung auf die Gehaltsverhandlung geholfen hat.

Bitte schenken Sie mir 1-2 Minuten Ihrer Zeit und hinterlassen Sie ein Feedback zum Buch auf Amazon.de.

Vielen Dank!

Ähnliche Bücher, die Ihnen gefallen könnten:

Impressum und Rechtliche Hinweise

Impressum:

Die Gehaltsverhandlungsakademie ist eine Marke der MarketMatch Marketing Dienstleistungen

vertreten durch Herrn Tobias C. Meier
Heckenweg 1
49170 Hagen
E-Mail: info@gehaltsverhandlungsakademie.de

Rechtliche Hinweise:

Inhalt und Struktur dieses Buchs sind urheberrechtlich geschützt und dürfen ohne die explizite, schriftliche Erlaubnis des Urhebers, Rechteinhabers und Herausgebers von Dritten nicht genutzt werden.

Der Inhalt dieses Buches und die Tipps und Vorbereitungen sind von uns sorgfältig ausgewählt und geprüft worden. Dennoch können wir keine Garantie für eine erfolgreiche Gehaltsverhandlung oder für die Richtigkeit der Ansätze in der jeweiligen Situation geben. Die Gehaltsverhandlungsakademie, MarketMatch und unsere Teams übernehmen daher keine Haftung für Personen-, Sach- oder Vermögensschäden.

Stilistische Hinweise:

Aus Gründen der leichteren Lesbarkeit verwenden wir an vielen Stellen nur die männliche oder nur die weibliche Form. Selbstverständlich sind immer alle Leserinnen und Leser gemeint.

www.ingramcontent.com/pod-product-compliance
Lightning Source LLC
Chambersburg PA
CBHW051819170526
45167CB00005B/2084